ひとりふたり‥　聞法ブックス 9

仏の智慧

仏教でシェイクスピアの『リア王』を読む

狐野利久

法藏館

装丁　谷中雄二
装画　岩村勝美
企画監修　田代俊孝

仏の智慧――仏教でシェイクスピアの『リア王』を読む●目次

まえがきにかえて

シェイクスピアは一六〇六年ごろ、『リア王』を書いたといわれています。『リア王』は今日まで多くの演出家や学者に、上演不可能だとか、舞台からはみ出してしまう、あるいは失敗作だ、カリカチュア（戯画）であって悲劇ではない、などと言われてきました。

シェイクスピアが生きていた時代、『リア王』は、青天井で照明もない舞台を客席や立ち見席が取り囲むグローブ座で上演されたはずです。それを、後世の演出家が上演不可能というのはどうしてなのかわかりません。一説によると、嵐の夜、リア王が狂乱の態で嵐に向かって叫ぶシーンによるというのですが、演出家でない私には何とも申し上げられません。カリカチュアだというのは、たしかに愛情テストなどという愚かしいことをして、権力や財産を分け与えた二人の娘に裏切られ、荒野をさまよう結果を招いたリア王の姿は、自業自得であって悲劇というものではないのかもしれません。

シェイクスピアが作品『リア王』にどんな命題を与えたのか、私は仏教徒の立場から読んでいきたいと思います。

『リア王』の主な登場人物

リア　ブリテン王
長女ゴネリル　オールバニ公爵夫人
次女リーガン　コーンウォール公爵夫人
三女コーディーリア
コーンウォール公爵
オールバニ公爵
グロスター伯爵
エドガー　グロスターの長男
エドマンド　グロスターの次男
ケント伯爵　リアの忠臣
オズワルド　ゴネリルの執事
道化

⚜私とシェイクスピアの芝居との出合い

シェイクスピアは、ご存知のように世界中の人びとから愛され、彼の作品は多くの人たちに読まれています。私は学生時代に『夏の夜の夢』や『ハムレット』を読まされたのですが、正直に言って、面白いとか素晴らしいとは思いませんでした。むしろ、どうして人びとはシェイクスピアを素晴らしいと言ったり、「百万人の心をもつシェイクスピア」などとほめるのだろうかと思っていました。

私は一九七〇年、当時の文部省、今の文部科学省ですが、その在外研究員としてイギリスに一年間の留学の機会を与えられたとき、「せっかくシェイクスピアの国に来たのだから、一度くらいは彼の芝居を観《み》てやろうか」という気持ちになって、マーメイド劇場というところで『オセロ』を観ました。そのとき、それこそ目から鱗《うろこ》のおちる思いをしたのです。

それがきっかけとなって、シェイクスピアの芝居が面白くなり、ロンドンにいる間は自分の研究の合間にできるだけシェイクスピアの芝居を観ることにしました。夏休みには、彼の生まれ故郷であり、終焉《しゅうえん》の地でもあるストラットフォード・オン・エイヴォンにあるバーミンガム大学シェイクスピア研究所主催の「夏期セミナー」にも参加して講義を聞いたり、「シェイクスピア劇場」で『夏の夜の夢』や『ジュリアス・シーザー』、『コレオレイナス』を観ました。それからというもの、イギリスに行くたびに、シェイクスピアの芝居を観ることにしています。

仏教は智慧の宗教である

欧米人の間では、仏教、とくに親鸞《しんらん》の念仏《ねんぶつ》の教えを日本の民俗宗教のように考えている人たちがいます。ところが彼らの文化にも智慧《ちえ》のはたらきである如来《にょらい》がいるのです。そのことを明らかにしたいと思い、シェイクスピアの『リア王』を仏教の視点で読んでみることにしました。

読むにあたり、仏教とはどのような宗教なのかについて、最初に申し上げておかねばなりません。

仏教は「智慧」の宗教です。智慧とは梵語《サンスクリット》のプラジュニャーのことで、訳して「無分別智《むふんべつち》」とか、音訳して「般若《はんにゃ》」と言います。人間の智慧のことを仏教では「分別智」と言います。「分別智」は科学的、分析的、合理的に考える智慧であり、必然的に二者択一的判断がはたらきます。それに対して「無分別智」はすべてを分析しないで包括的に、そのまま受け入れます。また、「一切空《いっさいくう》」という言葉がありますが、これは善悪、正不正、この世あの世、生と死、などということを、人間の智慧による二者択一的判断をはたらかせずに、ありのままそのまま受け入れることです。これが「空《くう》」ということです。現代はあまりにも分別をはたらかせすぎる時代なので、良い悪いをはっきりさせねばならず、そのために人間は苦悩するばかりです。

小児科のお医者さんで、仏教信者である駒沢勝先生が、著書『健康であれば幸せか』（「ひとりふたり‥聞法ブックス4」法藏館）の中で、加藤辨三郎氏の「同治《どうじ》と対治《たいじ》」という言葉を引用して、次のように言っておられます。

例えば、わが子が死ぬときなど、「何とか生きてくれ、死んだらだめだ」と、子によりかかって泣き崩《くず》れる親がほとんどだが、たまに、「よしよし、よう頑張った。もうよい、もうよい、しんどかったなあ。もうよい、もうよい」などと言う親を見ることがある。これは死を受け入れた、肯定した態度で、同治的である。死ぬしか道の無い者に生きろと言うのは、生きるしか道の無い者に死ねと言うのと同じくらい酷《きび》しい。死ぬ者に死んでもよいと言う者こそ、本当の味方ではなかろうか。（一九頁）

そして、

どんなに親切から始まったものでも、医学はすべて否定であって、つまり対治であって、同治は現在の医学では成り立っていない。
（一八頁）

と言っています。続いて先生は、仏教信者ですから、仏さまのことを考えてみましょうと言い、次のようにおっしゃっています。すなわち、

「お前は目が見えないか、一向に構わない」「耳が聞こえる人も聞こえない人も、私の心の中ではまったく同じだ」「頭が悪いか、それでよい、それでよい」「もう死ぬか、生きる死ぬは問題にしていないよ」と絶対的な受け入れで、何一つこだわりがない。

愛とは、慈悲とは、この絶対的な受け入れ、絶対的承諾、絶対的肯定である。これこそが同治で、仏教が、同治が対治にすぐれていると説明する所以《ゆえん》である。この絶対的受け入れに対して、医はむしろ絶対的否定の態度、拒絶の態度をとる。否定、拒絶は愛ではない。憎しみのカテゴリーに入る。医学は憎しみを出発点としていると言える。
（二一一〜二一二頁）

したがって、無分別智といわれる仏教の智慧は同治的な見方だといえます。それゆえ仏教の智慧は慈悲《じひ》でもあるのです。そのような智慧、すなわち、プラジュニャーを如来さまと考え、それをよりどころとする生き方をしましょうという教えが、親鸞の智慧の念仏の教えです。対治的な見方は、科学的、合理的、分析的見方ですから、取《しゅ》捨選択《しゃせんたく》がはたらき、都合の悪いものを拒否してしまいます。都合が悪ければ、人間でも拒否され、捨てられるのです。

ところで、人間には煩悩《ぼんのう》というものがあります。私たちが生きているということは煩悩があるためなのです。ですから、同治的に見る仏さまの眼《め》、すなわちプラジュニャーをよりどころにして生きていきましょうといっても、煩悩のはたらき、すなわち、分別智といわれる科学的、分析的、合理的ものの考え方を否定することはできないのです。だからといって、今の時代のように分別智だけをよりどころにして生きていきますと、これからお話しするリア王的存在になってしまって、自我中心的なものの考え方しかできなくなってしまいます。そのような生き方に救いはなく、むなしい人生しかありません。「絶対矛盾的自己同一」という言葉がありますが、無分別智と分別智とを併《あわ》せもつ生き方、煩悩に悩まされながら菩提《ぼだい》を求める生き方が、救われた人間の生き方なのだと、親鸞は教えています。

⚜人間は本来自我的存在である

では、『リア王』のお話をはじめましょう。テキストは小田島雄志氏和訳の『リア王』（白水社）です。『リア王』には二つの話の筋《プロット》があります。一つのプロットはリア王とその娘たちを中心とする話、もう一つはグロスター伯爵とエドガーとエドマンドの二人の息子を中心とする話です。この二つのプロットは、時には平行して進み、時には絡まり合いながら、複雑に進行します。

最初の場面は、リア王による愛情テストの話からはじまります。リア王は絶対権力をもったブリテン国の専制君主《せんせいくんしゅ》です。ところがリア王は歳《とし》をとったので、権力や財産などを三人の娘たちに譲り渡し、国王という名前だけは残して隠居《いんきょ》し、気ままに暮らそうと考えます。そこで娘たちに愛情テストをします。すなわち、父をどれほど愛しているか、言葉で言ってみよというのです。長女のゴネリル、次女のリーガンは言葉たくみにおべっかを使って父親を愛していることを言い、父を喜ばせます。しかし末娘コーディーリアは口べたで、父への愛情を姉たちのように口先だけで言えるような娘ではありません。自分の番になったとき、何もありません、子が親を愛し尊敬するのはあたりまえのことですから、と答えました。リア王は烈火《れっか》のごとく怒って、彼女に与えるつもりだった領土や財産を姉二人に与え、そのうえコーディーリアを勘当《かんどう》し、フランス国王に裸同然の姿でくれてしまうのでした。そばで見ていたケント伯爵は見るにみかねてコーディーリアをかばい、国を分割して娘たちに分け与えるような愚かなリアの行為を、身を張って戒《いまし》めますが、彼もリアの逆鱗《げきりん》にふれ、追放されるのでした。

仏教の智慧《プラジュニャー》のはたらき、すなわち仏の眼でもって考えると、私たちは誰でもリア王的存在だということに気づくはずです。『仏説無量寿経《ぶっせつむりょうじゅきょう》』の法蔵菩薩《ほうぞうぼさつ》も、仏の説法を聞いて王位を捨て出家しましたが、以前は国王でした。また『涅槃経《ねはんきょう》』で、命が尽きれば世継ぎとして生まれかわることになっている仙人を、わが子の顔を早く見たいばかりに殺させた頻婆沙羅王《びんばしゃらおう》も国王でした。国王というのはリア王のように、自分のことについても他人のことについても、すべて自分の思うようにしたいと思っている人たちです。そう考えますと、誰でも自分の思うようにしたいという自我意識をもっていますから、誰もがリア王だといえるでしょう。なぜなら、自我に駆《か》り立てられると、私たちは何をしでかすかわからないからです。

『リア王』にはもう一つの話が並行しています。グロスター伯爵の城内で、「妾腹《しょうふく》」の子エドマンドが正妻《せいさい》の子である兄エドガーを追い落とすことをたくらみます。エドマンドは偽《いつわ》りの手紙を使って、父のグロスターをわなに誘い込みます。その手紙を読んだグロスターは、リアがコーディーリアに激怒したように、あの悪党エドガーを捜し出せ、と怒鳴りだします。リアもグロスターも、刃向《はむ》かう者は容赦《ようしゃ》しないという自我中心的な思いでもって行動する人たちであることにおいて同じです。自我によって行動する限り、自分の姿は見えません。

何日か経ち、場面は長女ゴネリルの夫オールバニ公爵の宮殿での話になります。ゴネリルは権力と財産を手にしてからというもの、父リアのわがままに我慢ができず、リアを冷たくあしらうようになります。そこに追放されたケントが変装して現れ、カイアスという名でリアに奉公を申し出、その願いが許されます。

次に道化が登場します。道化は、リアから離れずに寄り添い、折をみてはリアが自分の愚かな行為に気づくよう心を配ります。

そこへ長女のゴネリルが登場します。ゴネリルはリアに、歳にふさわしく、お付きの者を少し減らして、身分の違いをわきまえた者だけにするようにと言います。リアは彼女の言葉を聞いて激怒し、「悪魔め！　……おまえの世話にはならぬ」と言って、次女のリーガンの夫コーンウォール公爵の屋敷を目ざして立ち去るのでした。

⚜自我にもとづく振る舞い

一応話が出揃いましたので、できるだけ話の筋を簡略にして進めたいと思います。グロスター伯爵の城ではエドマンドが兄エドガーに言います。

兄さんはコーンウォール公の悪口を言いませんでしたか？　公爵がくるそうですよ、この夜ふけに、大いそぎで、リーガン様といっしょに。

怪訝《けげん》な顔をしている兄エドガーに、父グロスターの姿を見たエドマンドは、さらに「計略上《けいりゃくじょう》兄さんに剣を向けなければなりません。兄さんも剣を抜いてかまえるふりをしてください」と言い、何が何やらわからないで剣を抜く兄に、今度は「お逃げなさい、兄さん。……ご機嫌よう」と言って別れます。そうしてエドマンドは兄エドガーに斬りつけられたように見せかけるため、わざと自分の剣で体に切り傷をつけて血を出し、グロスターに、

父上殺害に同意させることができなかったから……用意した抜き身で不用意な私にうってかかり、……立ち向かったためか、大声をあげて騒ぎたてたので……一目散に逃げ出しました。

と言うのでした。グロスターはエドマンドの言葉を信じてしまいます。そこへコーンウォール公がリーガンや従者たちと登場します。コーンウォール夫妻はグロスターの話を信用し、エドマンドの巧みな話術にはまってしまいます。そしてコーンウォール公はエドマンドを正式に後継者とし、エドガー捕縛を容認します。

一方おたずね者となったエドガーは、ベドラム（世界最古の精神病院の一つで現存する）の「気ちがい乞食」のトムに変装します。

ゴネリルの屋敷を飛び出したリアはリーガンの屋敷に赴きます。ですが、リーガン夫妻がグロスター伯爵を訪問していると聞いて、リアもグロスターの城に行くのでした。ところが娘夫妻は旅の疲れを理由に、リアに会うことを拒みます。いわば、リアは娘に門前払いを食わされたのでした。道化はそれを見て、

　おやじがぼろ布身につけりゃ　子供は見ても見ないふり、おやじが財布を身につけりゃ　子どもは親を思うふり、運命は名うての淫売で　貧乏人には知らぬふり。

と歌い出します。今の時代でもこのような話をよく耳にしますね。リアは我慢しよう、自分の性急な心が間違っていると考えて、自制しようとするのですが、今まで何でも自分の思うとおりにしてきたリアには我慢ができません。

そのときリーガン夫婦が出てきたのを見て、リアはうれしくなり、ゴネリルの不親切を訴えます。リーガンは姉を弁護して、もう歳なのだから分別ある人の指図に従うべきだ言いますと、年老いた自分がひざまずいて許しを乞《こ》うことができるか、とリア

は憤《いきどお》ります。そこへリアよりも遅れてやってきたゴネリルをリーガンは手をとって迎えます。そして娘たちはリアに、年寄りは年寄りらしくしなさい、お付きの者はなぜ必要なのですか？　私たちの召使いがお世話をすれば、それでいいではありませんかと言い、リアは怒り狂うのでした。

ええい、必要を論ずるな。どんな卑しい乞食でも、その貧しさのなかになにかよけいなものをもっておる。自然の必要とするものしか許されぬとすれば、人間の生活は畜生同然となろう。……あたためてもくれぬおまえのぜいたくな服など自然は必要とせぬはずだ。だが真の必要とは――

一瞬リアは自分にとって真の必要とは何かを考えてみるのですが、怒りがこみあげてきて狂いそうになります。リアは娘たちを呪い、発狂を恐れながら、グロスターの城を飛びだすのでした。

⚜自我中心的行動の破綻

話はリアが嵐のなかをさまよいながら、「風よ、吹け、……雨よ、降れ、……雷よ、丸い地球がたいらになるまで打ちのめせ！」と叫びながら、風雨とはげしく戦う有名な場面になります。風雨のなかで娘たちに対するリアの呪いは激しく、その言葉はどぎつく、罪をとがめる声は恐ろしくなります。一方、道化は痛烈な風刺を浴びせます。

胸に抱くべきものを追い出し、足の指先抱き暮らしゃ、無念なことにまめ痛み出し、眠れぬ夜を泣きあかす。

道化はこのように言って、リアの自業自得を教えるのでした。「胸に抱くべきもの」とは三女コーディーリアのことで、「足の指先抱き」とはゴネリルとリーガンの二人の娘のことです。ケントは風雨の吹きすさぶ嵐のなかで叫んでいるリアを見つけて小屋に連れていきます。

一方、グロスター城では、グロスターがエドマンドに、リアの救出をリーガン夫妻に願い出たら城を召しとられ、リアのことを口にすると主従の縁を切ると言われたこと、さらに今夜密かに届いた手紙によると、リア救出のためフランス軍の一部がイギリスに上陸したということを話します。エドマンドはその手紙を盗みだし、コーンウォールに渡すことにします。

小屋に連れてこられたリアは、中に入ることをはじめのうちは拒むのですが、小屋の中に「気ちがい乞食」に変装したエドガーが隠れ潜んでいるのを見つけると、自分と同じように娘たちによるひどい仕打ちで発狂したと思いこみ、エドガーのように裸になろうとします。そこに松明《たいまつ》を持ったグロスターが入ってきて、火と食べ物のあるところにリアを連れていこうとします。そのとき彼は「気ちがい乞食」に変装しているエドガーをわが子だとはつゆ知らず、リアや変装しているケントに、自分の血肉を分けた子があさましくも生みの親の命をねらうようになった話をするのでした。その言葉を聞いてエドガーは「あわれなトムは寒いよォ」と言うばかりでした。

グロスターの案内で、リア、変装しているケント、道化、そして変装しているエドガーもいっしょに、城に近い一軒の農家に入ります。グロスターは一度外に出たのですが、すぐ戻ってきて、リア王の命をねらう陰謀があることを話し、用意した担架で王をのせて、フランス軍のいるドーヴァーに向かって行くように指示します。

道化は担架と一緒に退場しますが、以後再び登場することはありません。どうして道化は姿を見せなくなるのか説明がありませんが、リアは嵐の過酷な仕打ちにあって、やっと如来の智慧、すなわち無分別智に目覚めることができ、自分自身を見る目ができたと道化は判断したので、身を引くことにしたのかもしれません。親鸞の言葉でいえば、リアは「こころもことばもたえたれば不可思議尊《ふかしぎそん》（すなわち、如来の智慧、同治的智慧）に帰命《きみょう》」（『浄土和讃《じょうどわさん》』）する気持ちになったから、道化は身を引いたのではないかと私は考えています。

グロスター城ではリーガン夫妻、ゴネリル、エドマンドなどが集まっています。コーンウォールはエドマンドが盗み出した手紙を読んで、ゴネリルにその手紙をオールバニ公爵に見せるようにと言い、さらにフランス軍との戦争の準備を義兄に要請し、グロスター伯爵となったエドマンドにはゴネリルのお供を命じます。また召使いたちには裏切り者のグロスターを逮捕するよう命じます。

しばらくして、数人の召使いたちに引っ立てられて、グロスターが登場します。グロスターは裏切り者として椅子にしばりつけられ、リーガンは無慈悲《むじひ》にもグロスターのひげを引きむしります。コーンウォールはエドマンドから渡された手紙について尋問《じんもん》し、またリーガンは「あの気の狂った王をだれの手に送り届けた?」とたずねます。グロスターはリーガン夫妻の所業をなじり、「無情な娘たちに天罰がくだるのを見せてもらえよう」と言います。コーンウォールは「いいや、見せはせぬ。椅子を押さえておれ」と召使いたちに命じて、椅子を倒し、しばりつけたままの状態で、グロスターの目を踏みつぶすのでした。

あまりのむごい光景に、コーンウォールの命令に従っていたグロスターの召使いの一人が、見るにみかねてやめさせようとします。生意気な奴とばかり、コーンウォールは剣を抜き、その召使いも剣を抜いて応戦しますが、リーガンが背後から召使いを刺したので、「伯爵、残った片方のお目で見てください。相手に手傷を負わせましたぞ」という言葉を残して、死んでしまいます。コーンウォールはもう片方の目も踏みつけ、「これできさまの光も消え失せたろう」と言います。グロスターは「倅《せがれ》はいないか、エドマンドは？　頼む……この残忍な所業に報復してくれ」と言いますが、リーガンが「お黙り、……おまえの裏切りを知らせてくれたのはあの男だからね」と明かします。そのときグロスターは、自分が愚《おろ》かであったことにはじめて気がつくのでした。

城門から叩きだされたグロスターは、一人の召使いに連れられて退場します。深手を負ったコーンウォールもリーガンに支えられて退場します。

⚜自我中心的な行動によって最高の境遇にまで登りつめようとする人間と、どん底の境遇にまで転落した人間

「気ちがい乞食」のエドガーが登場して、人間、運に見放されてどん底の境遇まで落ちれば、あとは浮かびあがる希望のみあって、不安はない。悲しい運命の変化は最高の絶頂からはじまる、最低のどん底からは笑いにいたる道しかない。

と、自分の運命を静かに受け入れている心境を語ります。まさに、それは仏教の智慧、同治的な見方といえます。またそれは「人間万事《ばんじ》塞翁《さいおう》が馬」ということですね。そこに老人に手を引かれてドーヴァーを目ざす盲目のグロスターが登場します。老人はエドガーの姿を見て、「だれだ? ……気ちがい乞食だな」と言います。それを聞いてグロスターは「ゆうべ嵐のなかで、そのような男に出会った、それを見て、人間とは

虫けらよと思った。そのとき、ふと伜《せがれ》のことが心に浮かんだ」と老人に話します。そしてグロスターは、「昔のよしみで頼む、この裸の男になにか着るものをもってきてくれぬか」と老人に言います。エドガーはもう隠しきれないと思いながらも、「気ちがい乞食」を演じることにします。

一方、オールバニ公爵の屋敷の前では、ゴネリルと今は晴れて伯爵と呼ばれる身となったエドマンドとが、ゴネリルの執事オズワルドから、オールバニが今までとは違った様子であることを聞きます。ゴネリルは、夫は臆病なので自分が兵の指揮をとると言い、エドマンドにも、すぐ戻って兵を集め、指揮をとるようにと言います。別れるとき、ゴネリルはエドマンドに愛のキスを与えるのでした。

ゴネリルの前に現れたオールバニの態度は、オズワルドの言うとおり、いままでとは変わっていました。彼はゴネリルに言います。

生みの親をないがしろにするようでは、自然にもとり、人の道を守れるはずはない。おのれを育ててくれた幹からわが身を切り落とし、いのちのもとである樹液をうる道を断ち切れば、やがては枯れはてて暖炉に身を焼くはめになるぞ。

このオールバニの言葉は、仏教の智慧そのものだと考えますが、またキリスト教の新約聖書『ヨハネによる福音書』にある次の言葉を思い出させる言葉でもあります。

わたしはぶどうの木、あなたがたはその枝である。……人がわたしにつながっていないならば、枝のように外に投げ捨てられて枯れる。（一五・五～六）

オールバニの言葉に対してゴネリルは次のように言います、

ゴネリル　罪を犯さないうちに悪人が罰せられるのを見て気の毒がるのは阿呆だけなのに……

オールバニ　おのれを見ろ、悪魔！　悪魔本来の醜さは、女の皮をかぶるときもっともすさまじい。……だがたとえ本性は悪魔でも、女の姿をしておるから助けてやるのだぞ。（注＊女の姿をしていなかったら、たたきのめしてやるところだ、の意味なのでしょうか？）

ゴネリル　まあ、男らしいこと、まるでさかりのついた猫ね――（注＊男らしさはうわべだけで、内実は猫の意）

オールバニは無分別智にもとづいてゴネリルに言うのですが、ゴネリルは分別智にもとづいて行動していますので、自我中心的な考えで行動している自分というものがわかりません。だから、オールバニから「おのれをみろ、悪魔！　悪魔本来の醜さは、女の皮をかぶるときもっともすさまじい」と言われるのです。この言葉は女性を差別する言葉のように聞こえますが、如来の智慧（同治的ものの見方）からすれば、男性でも分別智で行動する限り、エドマンドのように悪魔本来の醜さが見られるし、さらにこれからも、その悪魔本来の醜さが見せつけられることになります。

このようなやりとりをしているところに使者が来て、コーンウォールが死んだことをオールバニ夫妻に告げます。

一方、ケントはドーヴァーのフランス軍に遣《つか》わした紳士から報告を受けます。その報告によると、フランス国王が本国に突然帰還したこと、ケントの手紙を読んで、コーディーリアは星のような目から清らかな雫《しずく》を振り絞るように涙を流して、二度、やっとの思いで「お父様」と胸をしぼりあえぐような声で言ったということでした。

ケントは、リアはこの町にいるのだがコーディーリアに会おうとしない、と紳士に言います。その理由は明らかにされていませんが、仏教的に考えますと、今まで分別智である人間の智慧にもとづいて自我中心的考えで行動してきたリアが、如来の智慧（無分別智）に照らし出されたため、今まで見えなかった自分の自我中心的姿が見せつけられたからです。親鸞の「恥ずべし、傷むべし」（『教行信証《きょうぎょうしんしょう》』「信巻」）という懺悔《さんげ》の心（機《き》の深信《じんしん》）と同じく、恥ずかしい思いでいるのです。

それからケントは、オールバニ、コーンウォールの両軍が出陣したとの報告を紳士から受けます。

⚜盲目のグロスターと狂乱の態のリア王の出会い

グロスターの城にエドマンドを訪ねたゴネリルの執事オズワルドは、応対に出たリーガンからエドマンドの不在を聞かされます。リーガンは、オズワルドが姉ゴネリルからエドマンド宛の手紙を携えていることに不審を抱き、オズワルドに「うまくあの目なしの裏切りものを見つけたら、その首をはねると出世できるはず」と言ってたきつけます。

一方、百姓の着物を着たエドガーが盲目の父グロスターの手を引いて、ドーヴァーにやって来ます。グロスターはドーヴァーの高い崖っぷちに立たされていると思いこみ、エドガーに財布を与えて別れの挨拶をし、ひざまずいて神々に祈った後、海に向かって飛びこみます。ややあって、エドガーは、平地に倒れている老人に、偶然通りかかった村人のそぶりをして、「だいじょうぶですか?」と声をかけます。グロスターは「おれは落ちたのか、ほんとうに？」と半信半疑でした。そしてグロスターはこれからはどんな苦しみにも耐え抜いていかなければと思うのでした。

グロスターとエドガーは、野の花々を身につけた狂乱の態のリアと出会うことになります。その姿を見てエドガーは「胸が張り裂けそうだ！」と言って嘆《なげ》きます。リアは、白ひげのグロスターを見て、ゴネリルが変装したものと思い込み、「ゴネリルではないか、白い髭《ひげ》などつけおって！」と言い、

わしが雨にずぶぬれになり、風に歯の根も合わなかったとき、わしが命じても雷が静まろうとしなかったとき、わしにはわかったのだ、やつらの正体を嗅ぎわけたのだ。

と嵐のときのことを言います。

この「わしにはわかったのだ」と言っている言葉ですが、リアには何がわかったというのでしょうか。グロスターがリアの声を聞いて、リアに駆け寄ってその手をとり、

手に口づけをしたとき、リアは、

世のなかの成り行きを見るには目などいらぬ、耳で見るのだ。

と言うのですが、耳で見るということを、嵐の過酷な仕打ちにあって、リアは「わかった」のだと思います。しかもリアのこの言葉には、嵐に打ちのめされて自我が破られなければとうていさとれない、すばらしい真実があります。すなわち、リアは嵐のなかで風雨と格闘したとき、世の中の成り行きを目で見てはいけない、これまでの自分は目でばかり見て判断していたではないか、だからゴネリル、リーガンの正体がわからなかったではないか、ということに気がついたのです。ではどうしたらよいのか、それは耳で見ることだ、とさとったのでした。「見る」という言葉を「判断する」とか「考える」という意味だと考えるならば、「耳で見る」ということは真宗でいう「如来の喚《よ》び声を聞く」ということで、「ああ、そうか、そうだったのか」と頷《うなず》くこと、心底からわかることなのです。

宗教では「聞く」ことがとても大事で、例えばキリスト教の新約聖書『ローマ人への手紙』には次のような言葉があります。

信仰は聞くことによるのであり、聞くことはキリストの言葉から来るのである。しかし、わたしは言う、彼らには聞こえなかったのであろうか。否、むしろ、その声は……世界のはてにまで及んだ。

（一〇・一七～一八）

また、イスラーム教の聖典『コーラン』では、唯一神アッラーが、

信仰のない者どもは耳が重くて聞こえない。……せっかくのお告げもただ迷いのたね。遠いところから呼ばれるようなもの。

（四一・四四）

といっています。親鸞も『一念多念文意《いちねんたねんもんい》』で、

きくというは、本願《ほんがん》をききてうたがうこころなきを「聞《もん》」というなり。また、きくというは信心《しんじん》をあらわす御《み》のりなり。

といっています。どの宗教も聞くということを大事にしています。ところが最近の会

議では、先に資料が渡されます。出席者はそれを目で読んで、判断します。説明する人も資料を読み上げます。そういえば、お寺での法話もこの頃は板書ですね。時には資料も渡されます。私は子どもの頃、布教師の方が高座《こうざ》にあがってお説教をしていたことを覚えています。今は耳で聞くことができなくなった時代なのかもしれません。

権力の最高位に君臨していたときのリアは、世の中のことを目で見て、分別智にもとづいて判断していたのでした。ですから自我中心的で、他人のことは何もわからない横暴な王様でした。ところが娘たちの裏切りにより、荒野に放逐され、風雨にたたかれて、乞食同然の姿にまで落ちぶれ、親鸞の言葉でいえば、「こころもことばもたえたれば」(『浄土和讃』)の状態にまでなって、はじめて如来の智慧(無分別智)に眼が開かれたのです。如来の智慧に気がつく(すなわち、耳で見ることができるようになる)までには、頭がおかしくなるのは当然のことです。なぜなら人は誰でも、逆境に立たされたとき、私たちの理性(分別智)のはたらきが狂い出すからです。理性的な人であればあるほど、狂乱の状態になるものです。
それから、リアはまた、次のようなことも言うのでした。

　人間、生まれてくるとき（注＊おぎゃあと）泣くのはな、この阿呆どもの舞台に引き出されたのが悲しいからだ。

私は若いときはいつも、どこからこの世に生まれてきたのだろうかと考えていたものです。考えてみたところでわかるものではありませんが、いろいろと教えを聞いているうちに、私たち一切衆生《いっさいしゅじょう》は「空《くう》」であるお浄土の世界から因縁《いんねん》によってこの世（五濁《ごじょく》の世）に生まれ出てきたのだ、そして因縁によってまた「空」であるお浄土の世界に戻っていくのだと思うようになりました。したがって、この世の生きとし生けるもの（一切衆生）は、「みなもって世々《せせ》生々《しょうじょう》の父母《ぶも》兄弟なり」（『歎異抄《たんにしょう》』第五章）であり、「弥陀如来《みだにょらい》は如《にょ》より来生《らいしょう》して、報《ほう》・応《おう》・化《け》種種の身を示し現わしたまうなり」（『教行信証』「証巻」）ですから、生きとし生けるものは、親子・兄弟として手を取り合い、お互い手を合わせて拝んでいく（仏々相念《ぶつぶつそうねん》）という気持ちが大切なのです。

では、この世に生まれるとき、どうしておぎゃあと泣くのでしょうか。リアは「この阿呆どもの舞台（注＊この世のこと）に引き出されたのが悲しいからだ」と言っていますが、仏教的に考えれば、一味平等《いちみびょうどう》の世界であるお浄土から、因縁によって五濁《ごじょく》の世界であり差別の世界であるこの娑婆《しゃば》の世界に引き出されたのが悲しいからでしょう。それゆえ娑婆のご縁が切れたとき、お浄土に戻っていくことになりますが、そのときは喜んでお浄土に還《かえ》っていくことができるのです。

さて、コーディーリアは父を捜すことに懸命です。一方、紳士と従者が登場して、リアを見つけるのですが、リアはいやがって逃げ出してしまいます。

⚜リアとコーディーリアとの対面

執事のオズワルドは懸賞つきのおたずね者となったグロスターを見つけて、剣を抜いて斬《き》りつけます。それをエドガーがさえぎり、棍棒《こんぼう》をもって立ち向かい、オズワルドを叩きのめすのでした。オズワルドは財布を出して、自分の死骸を埋めるように頼み、そしてブリテン軍に行って、ふところの手紙をグロスター伯のエドマンド様に届けてくれるように言って息を引き取ります。エドガーはその手紙を開封して読みますと、機会を見て夫を亡き者にし、その後あなたの妻と呼ばれることを望んでいるというゴネリルからの恋文でした。その手紙を読んでエドガーはあ然とします。機会を見てこの手紙をオールバニ公爵に見せようと思うのでした。

フランス軍の陣営では、コーディーリアが、ケントや医師とともに、助け出されて安心して眠っているリアを心配そうに、のぞき込むように見ています。やがて医師の指示で音楽の音を大きくしたので、リアは眠りから覚めます。コーディーリアは眠りから覚めたリアに「いかがです、陛下、ご気分は？」と声をかけます。

コーディーリア　私がおわかりですか？

リア　おまえは霊魂だ、わかっておる。いつ死んだ？　……わしはどこにいた？

コーディーリア　私をごらんください。そのお手で私に祝福《しゅくふく》をお与えください。いけません、膝《ひざ》をおつきになっては。

リア　どうかなぶらないでくれ、わしは愚かな、愚かな、老人にすぎぬ、すでに八十の坂を越えた、掛け値なしにだ。……笑ってくれるな、わしには、どう考えてみても、このご婦人がわしの娘コーディーリアとしか思えぬ。

コーディーリア　そう、そうです、私は。

リア　頬《ほお》をぬらしているのは涙か？　そう、涙だ。頼む、泣かんでくれ。……すべてを忘れ、許してくれ。わしは愚かな老人なのだ。

この親子の対面の場ですが、コーディーリアは、リアの愛情テストのときの父親思いのコーディーリアと少しも変わりありませんが、リアのほうは、ただひたすらひざまずいて許しを乞う老人になっていました。

法然《ほうねん》は親鸞に、

浄土宗の人は愚者《ぐしゃ》になりて往生《おうじょう》す　　　　（『末燈鈔《まっとうしょう》』）

といわれたそうですが、愚者になるのは如来のはたらき、すなわち智慧《プラジュニャー》によってです。人間だれしも分別智によって、自分は正しい、まちがっていない、自分は賢いのだということを主張し、他人に頭を下げたくないものです。それは自我（分別智）のせいです。ところが仏教では愚者になれと教え、如来がいつも私たちにはたらきかけています。

今のリアはまさに愚者です。「許してくれ。わしは愚かな老人なのだ」と、賢者《けんじゃ》であったリアは膝をついて頭を下げて許しを乞う愚者のリアになっているのです。その結果、愚者のリアには「転悪成善益《てんまくじょうぜんのやく》」（『教行信証』「信巻」にある「現生十種益《げんしょうじゅっしゅのやく》」の一つ）が約束されています。親鸞によれば、転ずというのは「一切の罪を善にかえすなり」、「罪を消し失わずして善になすなり」（『唯信鈔文意《ゆいしんしょうもんい》』）と言っていますから、法然のいう「愚者になりて往生す」とは、「許してくれ」と頭を下げて詫びるところに、思いもよらぬ「転悪成善」の世界が用意されている（すなわち往生す）ということなのです。

このように頭を下げて許しを乞うリアの姿は、真宗でいう「機《き》の深信《じんしん》」の姿です。それに対して、コーディーリアも「いけません、膝をおつきになっては」と言いますが、おそらく彼女も膝をついていたでしょう。いや私が演出家なら、コーディーリアにもそうさせます。リアは「わしには、どう考えてみても、このご婦人がわしの娘コーディーリアとしか思えぬ」と言いますと、「そう、そうです、私は」とコーディーリアは感極まって言葉が出てきません。このコーディーリアの姿を真宗では「法《ほう》の深信」といいます。またこのように親子の心が通い合っている状態を「機法一体《きほういったい》」とか、

「感応道交《かんのうどうこう》」と仏教ではいうのです。

私などは、この場面を芝居で観たり本で読んだりしますと、いつも涙が出てくるのです。自我を主張したり、科学的・合理的にものごとを考える（分別智のはたらき）ときは、心は剛直《ごうちょく》になっていますから涙を流すことはありません。しかし愚者になったときは、心は月影を宿す静かな池の面のごとき柔軟《にゅうなん》な心になっていますから、他人の心が自分の心に映ってきて、一緒に泣けるのです。したがって、リアは「頬をぬらしているのは涙か？　そうだ、涙だ。頼む、泣かんでくれ」と言いますが、それはコーディーリアばかりでなく、私たち観客、読者にまで、自分の愚かな行為を許してくれるよう、リアは詫びているのです。ですから、コーディーリアばかりでなく、私たちも感動し泣けてくるのです。人間の生き方の道理を教えられるからですね。

十六世紀フランスの思想家、モンテーニュの『随想録《ずいそうろく》』のⅡ巻（関根秀雄訳、白水社）に、われわれは、賢明になるためにはまず馬鹿にならなければならない。自分を導くためにはまず盲目にならなければならない。

という言葉があります。モンテーニュのいう「盲目になる」ためには、リアがグロスターに言ったように、世の中の成り行きを目で見るのではなくて、耳で見るのでなければなりません。目がつかさどる理性のはたらきで世の中を見る限り、頭を下げるどころか「私は偉いのだ」という心になりますから、他人を裁《さば》く「剛直な心」になるばかりです。本当の賢者は如来によって柔軟な心をもつ人のことですから、目に見えることに対しては馬鹿になり、「盲目」であることが肝要《かんよう》だとモンテーニュはいうのです。

⚜ドーヴァーに近いブリテン軍の陣営

エドマンド、リーガンが兵士たちと登場します。次にオールバニ、ゴネリルが兵士たちと登場します。ゴネリルはリーガンを見て、恋の戦いの炎を燃やし、リーガンはリーガンで、姉とエドマンドとの関係を疑います。リーガンはゴネリルを別室に誘い、ゴネリルはその誘いにわざとのり、退場します。

変装したエドガーが登場し、手紙（注＊オズワルドが息を引きとるときエドガーに渡した手紙のこと）をオールバニに渡して、戦争に勝ったらラッパを吹いて自分を呼び出すようにと言って、退場します。

エドマンドが敵が現れたことを告げると、オールバニは戦いに臨むべく退場します。一人残ったエドマンドは、二人の姉妹を手玉にしてもてあそび、戦いが終わったらオールバニを片づけるとしようと言って、退場します。

ブリテン軍とフランス軍との戦いの結果は、フランス軍の敗走ということで決着がつき、リアはコーディーリアとともに、エドマンドの捕虜となります。

コーディーリアは父親に「お会いになりませんか、二人の娘、私の姉たちに？」と問うと、いや、いや、いや、いや！　さ、牢獄へ行こう、二人っきりで、籠の小鳥のように、歌って暮らそう。おまえがわしに祝福を求めれば、わしはひざまずいておまえに許しを乞う、そのようにして生きていこう。お祈りをし、歌を歌い、昔話をし、……だれが勝ちだれが負け、だれがのぼり坂でだれが落ちめと、神のお使いのようにこの世の秘密に通じているふりをして語ろう。……さ、行こう。

と言います。そしてリアとコーディーリアは、エドマンドの兵隊に連れられて牢獄に向かうのです。

この「牢獄へ行こう、二人っきりで、籠の小鳥のように、歌を歌って暮らそう……」という言葉は、親鸞の「地獄は一定《いちじょう》住みかぞかし」（『歎異抄』第二章）という言葉を思い出します。仏教の智慧はすべてをそのままに受け入れよと私たちにはたらきかけているのですが、リアの運命をすべて受け入れて泰然自若《たいぜんじじゃく》としている姿に驚く他ありません。このようにリアがまともな人間に生まれ変わったのには、嵐のシーンもさることながら、阿呆と呼ばれていた道化の存在も見のがしてはなりません。私は道化についてはあまり述べませんでしたが、『涅槃経』に登場する耆婆《ぎば》のことを思い出します。耆婆は、父親を殺したことで良心の呵責《かしゃく》に日夜苦しむ阿闍世《あじゃせ》王にいろいろと忠告し、釈尊《しゃくそん》の許《もと》に行くことをすすめますが、耆婆も道化的役割を演じている忠臣であると思います。

このように『リア王』を読んできますと、人間の分別智によって、悪い人だ、良い人だというような私たちの判断の仕方は、少し時間をおいて考えてみると、必ずしもオールマイティではないことがわかります。リアの好意を裏切ったゴネリル、リーガンも、そして盲目のグロスターも、また乞食の姿になって生きのびようとするエドガーも、そして権力の座からどん底に落とされたリアも、みな不幸な子どもたちであり、悲惨な運命の人たちです。しかし、真実に対して目を向けないときは、悲惨な経験をしなければ真実はわからないものだということを、如来の智慧（無分別智）が私たちに教えているのです。仏教の言葉を使えば、逆縁《ぎゃくえん》を縁としない限り、私たちには真実がわからないのです。したがって、モンテーニュの『随想録』にある言葉、「自分を導くためにはまず盲目にならなければならない」とは、無分別智に目覚めれば、逆縁にあっても、それを真実に導く智慧として受け取っていくことができると教えているといえます。如来の智慧から見れば、親に反抗し背く子も、また親孝行の子も、すべて大事な子どもなのです。そのことを宗教詩人、榎本栄一氏は次のように述べています。

ボサツふたり

われにつくすつまも
われにそむくむすめも
いずれもいずれも
浄土《ひかり》へ手びきしてくれる
だいじな

ふたりのボサツさま
エドマンドはリア親子を護送する兵隊の隊長を呼んで、二人の殺害を命じます。

（榎本栄一『念仏のうた　光明土』樹心社）

⚜同じブリテン軍の陣営

『リア王』の話は、登場人物のそれぞれの因縁が話を展開させ、話の筋《プロット》が絡み合いながらも一つになって、結末に近づいていきます。

両軍の戦争はブリテン軍の勝利に終わったので、オールバニ公爵は全軍を集めて戦場での働きぶりを讃え、リア親子の処遇については自分たちの安全を考えたうえで処置すると言います。この言葉に対してエドマンドは、公爵が法廷を開かれればリア親子はいつでも出頭できるよう手はずを整えていると虚偽の言葉を述べ、このたびの戦いは正義の戦いであるとはいえ、人心の興奮さめやらぬなかは、リア親子の審議は適当な機会を待つべきであると述べます。

この言葉を聞いてオールバニは、この戦いにおいてエドマンドは自分の部下であって兄弟ではない、とその越権行為を厳しくとがめます。するとリーガンはエドマンドを擁護して、その権限を自分が与えたのだと言い、さらにエドマンドは自分の夫であると公言します。それを聞いてゴネリルはリーガンを罵《ののし》り、夫オールバニがいるにもかかわらず、エドマンドは自分のものだと言わんばかりのことを口にします。気分が悪くなったリーガンはゴネリルに言い返すことができず、やっとエドマンドに、太鼓を打ってリーガンの夫になったことを発表するように言うのですが、オールバニはそれに異議をとなえ、エドマンドの反逆と妻ゴネリルのエドマンドとの再婚の約束を公にします。そしてエドマンドに対して、これまで犯した数々の大罪を剣によって証明する者が現れなければ自分が相手をすると言って、ラッパを吹かせ、エドガーが現れるのを待ちます。リーガンは胸が苦しいと言いだし、オールバニはリーガンを自分のテントに連れて行くよう部下に命じます。三度目のラッパで、エドガーが現れます。

エドガーは、神々に背き、父と兄を裏切り、公爵の命をねらうという陰謀《いんぼう》に対して挑戦すると言って、エドマンドに剣を抜きます。エドマンドは名を名乗らぬ相手の挑戦を受けて立ち、二人は戦いますが、エドマンドはエドガーの剣に倒れます。ゴネリルはこれは陰謀だ、はかられたのだというと、オールバニは「この手紙に覚えがあろう」と言って、エドマンド宛の恋文を見せます。

（注＊見覚えが）あったとしても法律は私のもの、あなたの自由にはなりません。だれに私を裁くことができて？

と言って、ゴネリルは退場します。オールバニは一人の将校に「あとを追え、なにをしでかすかわからぬ」と言って、監視させます。一方エドマンドはオールバニの言った罪状を認め、決闘で自分を討った者は何者か名乗るように言います。エドガーは自分の名を名乗り、「おたがいに許し合おう」と言います。

オールバニはエドガーに、いままでどこに身を隠していたのかと尋ねます。エドガーは乞食のぼろをまとって身を隠していたところ、偶然血まみれの目をした父に会い、身分を明かさずに父を絶望から救ってきたこと、そしてこの決闘に臨むにあたって父の祝福を受けるべく、名を明らかにし、これまでの遍歴の一部始終を話したところ、その衝撃に父の心臓は耐えかねて、喜びと悲しみに裂かれながら事切れたことを話すのでした。胸を打たれるような思いで聞いていたエドマンドは、さらに「もっと言いたいことが残っているのでは」と、エドガーを促しますと、乞食姿で泣いている私をエドガーだと知って、両腕を私の首筋に巻き付けて、つんざくようなわめき声をあげた人がいたと話します。その人はケント伯爵でした。ケントが父グロスターの遺骸に身を投げ出して泣いているときに、二度目のラッパがなったので、ケントを残して来たというのでした。

そこに血まみれの短剣を持って紳士が登場し、ゴネリルが妹のリーガンを毒殺し、自分も短剣で胸元を一突きして死んだことを報告します。両名の遺体を運んでくるようにとオールバニが家来に命令します。そのときケントが現れて、リア王に永久のおいとまを申し上げるために来たと言います。そう言われて、オールバニは一瞬リア親子のことが脳裏を横切るのですが、ゴネリルとリーガンの遺体が運ばれてきたものですから、二人の姉妹の説明に時間をとられてしまいます。

死期が迫ったのを知ったエドマンドは、リア親子を殺害するように命じたことを思い出し、急いでその指令を取り消す命令を出すようにと言い、エドマンドは舞台の外に運び出されます。

そのときリアは両腕にコーディーリアの遺体を抱いて、登場します。

リア　泣け、泣け、泣かぬか！　ああ、きさまらは石か？　……この娘《こ》は永久に逝《い》ってしまった！　……ああ、もしも生きてさえいてくれれば、わしのなめた悲しみはすべてつぐなわれる。

ケント　（ひざまずいて）ああ、陛下――（注＊忠臣ケント本来の姿です）

リア　ええい、寄るな。

エドガー　ケント伯ですぞ、お味方の。

リア　……コーディーリア、待ってくれ！　え、何か言ったか？　この娘の声はいつもやさしく、もの静かで、低かった。女のなによりの美点だ。おまえを絞め殺した下郎はわしが殺してやったぞ。……どうもはっきり見えぬ。ケントか？

ケント　そのとおりです、ご家来のケントです。

隊長が登場し、エドマンドが死んだことを告げます。

オールバニは、なみいる諸侯に対して、自分はリア王から預かった大権をリア王に返還することや、味方の諸侯兵士にはそれぞれ恩賞を受けることになるということを宣言します。しかし、このようなオールバニの宣言もリアには通じません。

リア　わしのかわいいやつが、阿呆め、絞め殺されたぞ！　……おまえは息を止めたのか？　もうもどってこないのか、二度と、二度と、二度と、二度と、二度と！　頼む、このボタンをはずしてくれ。ありがとう。見ろ、この顔を、この唇を、見ろ、これを見ろ！

と言って、リアは息を引き取ります。

リアが「ありがとう」と言ったのは、ボタンをはずしてもらったから「ありがとう」と言ったのでしょうが、真宗的にいえば、智慧に目覚めたリアが、機の深信と法の深信とが一つになった気持ちを「ありがとう」という言葉で表したともいえるでしょう。私はかつて、鈴木大拙先生の『教行信証』英訳のお手伝いをさせていただいた一人です。共にお手伝いをした故坂東性純師から、病院で鈴木先生の付き添いをなさっていた小堀宗柏師の話としてお聞きしたのですが、鈴木先生がお亡くなりになるとき、医療関係者に「サンキュウー」、「サンキュウー」と言われたということです。リア王の最期のシーンと重なり合って、何か感銘深いものを感じます。

リアの遺体を運び出すことを命じたオールバニは、ケントとエドガーに協力を要請し、次のように言います。

この悲しい時代の重荷に耐えていくほかあるまい、……もっとも年老いたかたがたがもっとも苦しみに耐えられた、若いわれわれにはこれほどの苦しみ、たえてあるまい。

舞台も観客席も静まりかえるなか、『リア王』は終演となります。私たち読者も、人間の業に泣かされて生きなければならないことを教えられて、静かに本を閉じることになります。

＊本文中「　」の括弧内に記した台詞と、行頭から二字下げで表記している引用文は、小田島雄志訳『シェイクスピア全集　リア王』（白水社）より転載させていただきました。中略する場合は「……」と記しました。
＊台詞と引用文中に（注＊）と記した括弧内＊以下は引用者による文章です。

あとがき

このように、シェイクスピアの『リア王』を仏教の智慧という立場から読むと、この世におけるすべてのものは、「私」という一人の人間を、真の人間に育ててくれる大事なものばかりなのだということに気がつきます。無駄なものは何一つないのです。このことを知ると、これまでに出会った良い人や意地悪な人たち、いろいろな良いことも悪いことも、あるいは不幸災難も、みな私を一人前の人間に育てようとする智慧のはたらきであり、如来のはからいであると思わずにはおれません。

それから、リア王と末娘のコーディーリアとは、父親がいかに絶対的権力をもった自我的専制君主であっても、「子が親を愛し尊敬するのはあたり前のこと」とコーディーリアが愛情テストで答えているように、彼女はどのような逆縁に立たされても、親子の絆《きずな》をしっかりともっていることに注意すべきです。夫婦親子は互いに愛しあってこそと多くの日本人は思っていますが、自我中心的な愛とか煩悩による結びつきであるならば、破綻《はたん》してしまいます。

月が池の面《おもて》にその姿を宿すがごとく、相手の心が自分の心に映っていてこそ、夫婦親子の絆は、愛の言葉を交わさなくても、無言のうちに慈愛で結ばれ、場合によっては自己犠牲の心で表現されるのです。

また、ゴネリルとリーガンのもとを飛び出したリアは、一瞬「人間にとって必要とは何か」と考えますが、娘たちに腹を立てて、考えるのを止めてしまいました。しかし、リアにとっては「真の必要とは何か」ということが、彼の生涯における課題であったと思います。

人間にとって必要なのは、如来の智慧、すなわち「同治」という智慧です。同治的智慧は人間を「愚者」にします。愚者になってはじめて、人間は「謙虚」な人間になれるのです。「謙虚さ」をキリスト教では「堅忍《けんにん》の美徳」というそうですが、リアはグロスターの城の前で門前払いを食わされたとき、「我慢しよう」と言っています。けれども「我慢」とか「忍耐」ということは愚者にならなければ身につかないものであり、自我中心的な「対治」的考え方で謙虚な人間になるのはとうてい不可能なことです。

したがって、シェイクスピアが『リア王』で一番いいたかったことは何かと考えてみますと、それは人間にとって「同治」という智慧をもつということであって、その智慧によって人間は「謙虚さ」あるいは「堅忍の美徳」を身につけた「愚者」になるのだということであったと考えます。このように考えると、仏教で説く「智慧」は、時代や国を超えたものであり、無仏の国と思われる国の宗教の教えのなかにも存在するといえるのではないでしょうか。

この本は札幌大谷短期大学の公開講演会において、「異文化における如来との出合い」という題でシェイクスピアの『リア王』についてお話ししたときの原稿に加筆したものです。出版にあたって、同朋大学大学院の田代俊孝教授、法藏館編集長の上別府茂氏、編集を担当してくださった花月亜子さん（花月編集工房）にいろいろとお世話になりましたことを申し添え、心からお礼申し上げます。

二〇〇五年十一月一日

狐野利久

狐野利久（この　りきゅう）
1931年生まれ。室蘭工業大学名誉教授。真宗大谷派皆遵寺住職。イギリス・ロマン派学会理事。北海道印度哲学仏教学会評議員。著書『比較文化入門』（北星堂書店）、『ユダヤ・キリスト・イスラーム・親鸞』『イスラームのこころ　真宗のこころ』（以上、法藏館）他。

仏の智慧──仏教でシェイクスピアの『リア王』を読む
ひとりふたり‥聞法ブックス 9

2005年11月18日　初版第1刷発行

著者──**狐野利久**
発行者──**西村七兵衛**
発行所──株式会社**法藏館**
〒600-8153
京都市下京区正面通烏丸東入
電話：075-343-5656
振替：01070-3-2743

印刷・製本──立生㈱・㈲清水製本所

乱丁・落丁本の場合はお取り替え致します
ISBN4-8318-2139-X　C0015